BEI GRIN MACHT SICH IHR WISSEN BEZAHLT

AF136274

- Wir veröffentlichen Ihre Hausarbeit, Bachelor- und Masterarbeit

- Ihr eigenes eBook und Buch - weltweit in allen wichtigen Shops

- Verdienen Sie an jedem Verkauf

Jetzt bei www.GRIN.com hochladen und kostenlos publizieren

Bibliografische Information der Deutschen Nationalbibliothek:

Die Deutsche Bibliothek verzeichnet diese Publikation in der Deutschen National-
bibliografie; detaillierte bibliografische Daten sind im Internet über http://dnb.d-
nb.de/ abrufbar.

Impressum:

Copyright © 2003 GRIN Verlag
Druck und Bindung: Books on Demand GmbH, Norderstedt Germany
ISBN: 9783656303534

Dieses Buch bei GRIN:

https://www.grin.com/document/204014

Sener Saltürk

Das Leben in der Großstadt - Die Erscheinung der Stadt im Modernen Film: "Die Straße" (Karl Grune), "Die freudlose Gasse" (Wilhelm Papst) und "Die goldene Stadt" (Veit Harlan)

GRIN Verlag

GRIN - Your knowledge has value

Der GRIN Verlag publiziert seit 1998 wissenschaftliche Arbeiten von Studenten, Hochschullehrern und anderen Akademikern als eBook und gedrucktes Buch. Die Verlagswebsite www.grin.com ist die ideale Plattform zur Veröffentlichung von Hausarbeiten, Abschlussarbeiten, wissenschaftlichen Aufsätzen, Dissertationen und Fachbüchern.

Besuchen Sie uns im Internet:

http://www.grin.com/

http://www.facebook.com/grincom

http://www.twitter.com/grin_com

1. Einleitung

Die folgende Hausarbeit beschäftigt sich mit dem Modernen Film. Es soll die Fragestellung untersucht werden, inwieweit reale soziale Erscheinungen im Film wiederaufgegriffen und transportiert werden. Ich beziehe mich dabei auf die Filme „Die Straße" von Karl Grune, „Die freudlose Gasse" von Wilhelm Papst und „Die goldene Stadt" von Veit Harlan.

Ich werde mich vor allem mit sozialen Phänomenen auseinandersetzen, die sich draußen in der Masse ereignen. In Abgrenzung zum dörflichen Leben, in dem Sozialkontakte nach geleisteter Landarbeit im häuslichen, familiären Kontext stattfinden, gehe ich davon aus, dass die Stadt gezwungenermaßen dazu einlädt, Sozialkontakte außerhäuslich zu begehen.

Allein durch die quantitative Explosion der Stadtbevölkerung steigt die Anzahl der Begegnungen, sie wird aber auch vermehrt zu einem flüchtigen Kontakt, der aufgrund der Kurzlebigkeit nicht immer richtig eingeschätzt werden kann. So ist die Großstadt für eine Reihe sozialer Verunsicherungen kennzeichnend, die ich im nachfolgenden ansprechen werde.

Im zweiten Kapitel beschäftige ich mich mit der Zerstreuung und Verführung der Grosstadt, die nicht allein Phänomen der Moderne ist. Die Idee der sündigen Stadt ist in der Geschichte der Menschheit zentral verankert, wenn man z.B. an mythologische oder biblische Themen (das Sünden-Babel) denkt. Dabei lehne ich mich an die Ausführungen Sigfried Kracauers an, der die Genusssucht und deren oberflächlichen Schein beschreibt. Das dritte Kapitel widmet sich dem Flaneur, einer neuen Erscheinung auf der Straße. Man könnte ihn als einen Passanten mit einem emanzipierten Blick bezeichnen, der sich die Freiheit und die Zeit nehmen kann, die Stadt und ihre Menschen zu betrachten. Dies ist ein männliches Phänomen, das für Frauen nicht zugänglich ist, es sei denn als Männer verkleidet. Im vierten Kapitel geht es um Freiheit und Anonymität. Darin beziehe ich mich auf Georg Simmel, der sich mit der Blasiertheit der Stadtmenschen und der einhergehenden Abstumpfung der Sinne auseinandersetzt. Das letzte Kapitel ist der Dämonisierung der Stadt gewidmet, die eine vermehrte Gefahrenquelle, besonders für die Frau darstellt.

2. Zerstreuung und Verführung

Die Zwischenkriegszeit ist geprägt von einer wachsenden Kulturindustrie, in der die Masse nach Zerstreuung sucht. Das Angestelltenverhältnis, die damit einhergehende Freizeit und ein eigenes Einkommen ermöglichten einer breiten Masse, u.a. auch den Frauen, den Luxus des Ausgehens. Die Stadt erhält bei Nacht einen eigenen Glanz. Vor allem die verheißungsvolle Leuchtreklame macht die Nacht zum Tag und lädt die Vorbeiziehenden zum Eintreten ein.

Siegfried Kracauer hält in seinem Aufsatz „Kult der Zerstreuung" fest, dass die Zerstreuungssucht des Großstädters im Vergleich zum Provinzmenschen größer ist, obgleich sie durchaus auch auf die Menschen der Provinz zutrifft. Die *Masse* findet sich in den großen Lichtspielhäusern ein, um ihrer Verdrängungslust zu frönen. Kennzeichnend für die Lichtspielhäuser ist ein „gepflegter Prunk der Oberfläche"[1], die an eine Effekthascherei grenzt und die Sinne in Beschlag nimmt, um von der Lebenswirklichkeit abzulenken. Er bezeichnet sie als die „Kultstätten des Vergnügens"[2], in denen es nicht allein um die Präsentation des Films, sondern um dessen Inszenierung und Einbettung in einen sensationellen Gesamtzusammenhang geht. Das Lichtspielhaus, dessen Architektur und das gesamte Rahmenprogramm lässt wieder die Assoziation an ein Theater zu, einem Medium, von dem sich der Film schon emanzipiert zu haben glaubte, und somit ist der Film der Höhepunkt einer revueartigen Show.

Den Aspekt der Revue greift Kracauer in einem weiteren Aufsatz ,das Ornament der Masse' auf. Darin beschreibt er die Tillergirls, die in einer Revueshow auftreten und absolut geometrisch und präzise agieren und somit nur in ihrer Gesamtheit bestechen. Es scheint unmöglich zu sein ein Individuum wahrzunehmen. Niemand ragt aus der Masse hervor. Es entsteht für den Betrachter ein Spannungsverhältnis. Einerseits ist die Show eine Art Inbegriff der Präzision, der Disziplin und des Sieges des rationalen Denkens über das Chaos der Natur, andererseits muss diese Bewegung der Körper mit einem Spiegellabyrinth vergleichbar sein, in dem man sich unendlich oft

---

[1] Kracauer, Der Kult der Zerstreuung S. 311
[2] Ebd.

zurückgeworfen sieht und sich einer Wahrnehmung aussetzt, welche die Showgirls zu einem Ornament, einer dekorativen Oberfläche verschwimmen lassen. Kracauer bewertet (entwertet) das Massenornament lediglich als einen ästhetischen Reflex.[3]

Das Publikum, von Kracauer als „homogenes Weltstadt-Publikum"[4] bezeichnet, besteht aus Menschen unterschiedlicher Berufe und sozialer Schichten. Diese besuchten Lichtspielhäuser, Revuen, die schillernden, reizüberflutenden Oberflächen eines aufgeblähten Kulturbetriebes, die keine Zeit zum Nachdenken lassen sind lediglich eine Antwort auf die Anspannung in der Arbeit am Tage, die ähnliche Züge aufweist. Kracauer spricht von dem „unbeherrschten Durcheinanders unserer Welt"[5], welches durch die protzige, Einheit suggerierende Darbietung der Lichtspielhäuser nur sehr grobschlächtig zusammengefügt wird. Somit erhält der berauschte Betrachter keinerlei Antworten und bleibt zurückgeworfen in seiner Ratlosigkeit.

In Karl Grunes Stummfilm „Die Straße" werden genau die Verführungen der Stadt durch ihr Nachtleben thematisiert. Ein unauffälliger Mann mittleren Alters versucht aus der tristen Einöde seiner Wohnung und der Kommunikationslosigkeit zwischen sich und seiner Ehefrau zu entfliehen. Von seinem Fenster aus die Straße beobachtend erliegt er der Faszination der Großstadt. Diese wird im Film versinnbildlicht durch eine Reihe von Phantasiebildern, besonders durch die erotischen Reize einer jungen Frau, die den Mann in seinen Bann ziehen. Er verlässt das Haus und wird, angespornt durch eine Prostituierte, in einem Strudel von Ereignissen fortgerissen, in dessen Verlauf er auf Diebe, Trickbetrüger, Prostituierte und andere „dubiose" Gestalten der Nachtwelt trifft. Überall lauern Gefahren, die größte Bedrohung ist jedoch die Straße selbst. In einer außergewöhnlichen Szene schlendert der Mann an einer verlassenen Straße entlang vorbei an einem Optikergeschäft. Sobald er diesem seinen Rücken zukehrt, blinken ungewöhnlich große Neonleuchten in Form von einem Paar Brillengläsern auf. Die Straße selbst -

---

[3] Kracauer, Das Ornament der Masse, 1927, S. 50
[4] Kracauer, Der Kult der Zerstreuung, S. 313
[5] Ebd. S. 316

die als Mikrokosmos der „Großstadt" zu verstehen ist- scheint lebendig zu sein und die Menschen zu beobachten.

Die (Nacht-)Menschen auf der Straße und in den Nachtclubs erscheinen selbst als zerstreuungssüchtige Lebemänner, die – umgeben von Prostituierten und berauscht vom Alkohol- sich von jenen Oberflächenreizen berieseln lassen. Erotische Tänze werden zur Schau gestellt, während die Oberschicht in edlen Restaurants zu Abend isst und sich ihren gepflegten Tänzen zuwendet.

3. Der Flaneur

Der Zuschauer im Kino erfährt mehr über die Stadt, während er den Schritten des „flanierenden" Protagonisten folgt. Der Flaneur selbst –als besonderes Phänomen der Großstadt- ist in der „Straße" zum größten Teil ein neugieriger Beobachter, der sich ebenfalls von Oberflächenreizen angesprochen fühlt. Seine Neugier treibt ihn auf die Straße und lässt ihn hinter die Fassaden des sonst gänzlich Unbekannten schauen, sein Blick ist der des Voyeurs.

In zahlreichen Szenen in der „Straße" findet ihn der Zuschauer vor Schaufensterscheiben von Geschäften oder Eingängen zu Restaurants und Tanzsälen vor, wo er mit neugierigem Blick die vorbeigehenden Passanten anstarrt und anlächelt. Dadurch dass die „Masse" ihren eigenen Dingen nachgeht (z.B. ein Restaurant aufsucht und im Gegensatz zum Flaneur zumeist in Begleitung erscheint) und den Flaneur entweder nicht bemerkt oder bewusst ignoriert, wirkt er deplaziert und ziellos. Er ist nicht Teil der Gemeinschaft und fällt daher aus dem Rahmen. Walter Benjamin[6] schreibt hierzu: „Er [der Flaneur] sucht sich sein Asyl in der Menge. [...] Die Menge ist der Schleier, durch den hindurch dem Flaneur die gewohnte Stadt als Phantasmagorie winkt." Diese Behauptung trifft auch auf die „Straße" zu, da auch hier dem Fremdkörper Flaneur (vgl. auch Kracauer) die Stadt in Trugbildern erscheint. Die Stadt selbst kommt bei Grune nicht durch ihre bloße Schönheit, etwa ihre Architektur oder gar ihre Vollkommenheit zum Ausdruck, sondern beschränkt sich im wesentlichen auf ein bestimmtes Milieu. Dem

---

[6] Walter Benjamin, Paris, die Hauptstadt des XIX. Jahrhunderts, S. 179

Protagonisten erscheint die Stadt als Illusion, die ihn mit ihren Reizen verführt. Ihre Vielfalt und Fülle an Angeboten und Vergnügungen spiegeln seine falsche oder zumindest einseitige Vorstellung von der Stadt wider. Zerstreuung ist die Folge.

Dieser Umstand wird durch die Jahrmarktsmusik umso verstärkt, die den gesamten Film begleitet. Hinzu kommen Bilder, die explizit die Zerstreuung des Protagonisten verdeutlichen, z.B. durch einen Tanzsaal, der sich im 360°-Winkel dreht oder wechselnde Jahrmarkt-Impressionen. Diese drücken u.a. auch die Überforderung des Mannes aus, die Stadt in einer bestimmten Form zu begreifen. Zusätzlich drängt sich der Eindruck auf, er wäre ein naiver Provinzler, der das erste Mal in der Stadt ist und dem die Menschen und bestimmte Eigenheiten der Stadt, d.h. ihr ‚Code', vollkommen unbekannt sind. Bei seiner ersten Begegnung mit der Prostituierten stellt diese sich ihm als hilfesuchende Frau vor, die soeben beraubt wurde, in der Hoffnung, dass er ihr möglicherweise aus Mitleid ein wenig Geld in ihre leere Brieftasche legt, die sie ihm überreicht. Während zu erwarten gewesen wäre, dass ein typischer Großstädter die Frau als lästig empfunden bzw. als Bettlerin identifiziert und bereits im Vorfeld ignoriert hätte, stellt er sich pflichtbewusst zur Verfügung und möchte mit ihr zur Polizei zu gehen. Auch als sie in einer späteren Szene auf der Suche nach einem Freier die Nähe eines greisen Mannes sucht, missdeutet der Protagonist die Situation und zettelt, da er selbst an ihr interessiert ist, beinahe eine Schlägerei mit diesem an.

Es ist auffallend, wie stark „Die Straße" die Darstellung der Frau polarisiert.

Der Film transportiert ein traditionell-patriarchalisches Bild über der Frau, u.a. durch die Darstellung weiblicher Erotik, die ausschließlich das männliche Publikum anspricht. Frauen selbst tauchen hier größtenteils entweder als Hausfrauen oder als Prostituierte auf. Für den männlichen Betrachter sind sie Objekte. Der Blick des flanierenden Protagonisten der „Straße" ist zugleich der Blick des Zuschauers. Die Attraktivität des Protagonisten beispielsweise steht außer Frage, während dieser jedoch den Körper seiner Frau prüfend anschaut

Anke Gleber stellt hierzu fest, dass das Flanieren ausschließlich das Privileg der „[...] bourgeois, educated, white and affluent middle class"[7]. Während der männliche Flaneur über die Freiheit verfügt, in der Masse unerkannt zu bleiben, läuft die Frau ständig Gefahr, die Blicke auf sich zu ziehen und ist dazu gezwungen darüber zu reflektieren, wie sie in der Öffentlichkeit wirkt.

4. Freiheit und Anonymität

Es ist wesentlich, dass der Protagonist in der „Straße" als Individuum nicht wahrgenommen wird und sein Wesen sowohl für die Stadt als auch für die Menschen irrelevant ist.

Georg Simmel charakterisiert den klassischen Großstadtmenschen als reserviert und beschreibt seine Haupteigenschaft als „blasiert"[8]. Diese Eigenschaften resultieren für ihn aus den eigenen Gesetzmäßigkeiten der Stadt. Diese sind –entgegen dem Leben in der Kleinstadt- geprägt von ständig wechselnden Konfrontationen mit der Stadt auf psychologischer Ebene, welche eine *Steigerung des Nervenlebens*[9] erfordern. Die Totalität des ihm umgebenden Großstadtlebens, seine Geschwindigkeit und die wirtschaftlichen wie auch gesellschaftlichen Anforderungen verlangen dem modernen Großstädter eine größere verstandesmäßige Auseinandersetzung mit der Stadt ab. Während z.B. der Kleinstädter auf seine Umgebung, deren langsames Tempo, mit seinem „Gemüt und gefühlsmäßig"[10] reagieren kann, sieht sich der Großstädter mit immer neuen Situationen, auch z.B. mit Bedrohungen durch sein Milieu, konfrontiert, auf die er mit seinem Verstand reagiert.

Eines der wesentlichen Unterschiede zum Kleinstadtleben besteht in der unmittelbaren Verwobenheit zwischen der „Geldwirtschaft"[11], deren Wesen sich auf den Tauschwert einer Ware beschränkt und der „Verstandesherrschaft"[12], die sich dem Prinzip der Geldwirtschaft fügt. Dies habe nach Simmel zur Folge,

---

[7] Anke Gleber: Female Flanerie and the Symphony of the City, S. 70. aus Women in the Metropolis, Katharina von Ankum (Hrsg.)
[8] Georg Simmel, Die Großstädte und das Geistesleben, S. 121
[9] Ebd. S. 116
[10] Ebd. S. 117
[11] Ebd. S. 118
[12] Ebd. S. 118

dass zwischen Menschen und Dingen nicht mehr unterschieden werde: „Der moderne Geist ist mehr und mehr ein rechnender geworden"[13], schreibt Simmel, in deren Konsequenz der Egoismus dem Menschen zu eigen werde, da er sich somit ausschließlich an seiner unumstößlichen Sachlichkeit orientiere. Die Blasiertheit fördert, so Simmel, schon in der Kindheit eine gewisse „Abstumpfung gegen die Unterschiede der Dinge"[14] und somit gleichzeitig eine gewisse Unfähigkeit, diesen Dingen mit der entsprechenden Wertschätzung zu begegnen oder ihnen gar überhaupt eine Bedeutung zukommen zu lassen. Diese Abstumpfung macht auch vor dem Umgang mit Menschen nicht halt, da sie in der Anonymität -ebenfalls ein Phänomen der Großstadt- zum Ausdruck kommt. Hierdurch erwächst auch die für den Großstädter typische Gleichgültigkeit gegenüber dem Individuum, die sogar eine Spur von Aversion in sich birgt.

Es besteht ferner eine Diskrepanz zwischen der Freiheit und Unabhängigkeit des Individuums in der Stadt einerseits und der körperlichen „Nähe und Enge"[15], die „die geistige Distanz erst recht anschaulich macht"[16]. Die hier beschriebene (Bewegungs-) Freiheit kann nämlich zu einer Verunsicherung des Individuums führen, einerseits dadurch, dass man möglicherweise ständig gezwungen ist, zwischen verschiedenen Lebenswegen zu wählen, da die permanente Möglichkeit des Vergleichs zwischen dem Individuum und seiner Umwelt vorherrscht und andererseits durch die Kurzlebigkeit und Zufälligkeit der sozialen Kontakte, sodass sich das Individuum trotz (oder wegen?) der Masse einsam fühlt.

In zahlreichen Filmen finden sich Beispiele für die von Simmel beschriebenen Erscheinungen. Der Protagonist in der „Straße" ist nicht nur der Masse der Großstadt gänzlich unbekannt, d.h. ‚fremd', sondern scheint zudem keine ausgeprägten sozialen Kontakte, beispielsweise zu Freunden oder Bekannten zu pflegen. Sein einziges soziales Verhältnis ist das zu seiner Frau, das alleine jedoch nicht die sozialen Bedürfnisse eines jeden Menschen befriedigen kann. Die Einsamkeit beherrscht den Protagonisten nicht erst durch seine

---

[13] Ebd. S. 119
[14] Ebd. S. 121
[15] Ebd. S. 126
[16] Ebd.

enttäuschenden, schließlich sogar lebensgefährdenden Begegnungen mit den verschiedenen Menschen, sondern sie ist direkt zu Anfang des Filmes längst vorhanden. Der Film weist lediglich auf, dass die Verlockungen der Großstadt an dem unmittelbaren Zustand der Einsamkeit nichts zu ändern vermögen, diesen sogar verschlimmern können.

5. Dämonisierung der Großstadt

Während die „Straße" mit den Verlockungen der Stadt hauptsächlich auf ihre Gefahren hinweist –im weiteren Verlauf der Handlung wird der Protagonist fälschlicherweise als Mörder verhaftet und eingesperrt, jedoch schnell wieder freigelassen, nachdem der wahre Täter entlarvt wird-, arbeiten einige andere Filme mit der teilweisen bis kompletten *Dämonisierung* der Großstadt, wie z.B. Georg Wilhelm Pabsts „Die freudlose Gasse" oder Veit Harlans „Die goldene Stadt". Es soll erwähnt werden, dass in einigen Filmen, in denen die Stadt selbst mehr oder minder als Hauptdarsteller auftritt, gänzlich kritiklos bzw. durchweg positiv beschrieben wird, wie z.B. das in Walter Ruttmanns im Dokumentarstil gefilmte „Berlin: Die Sinfonie der Großstadt". Die hier gezeigte Stadt ist eine funktionierende, heterogene und größtenteils angenehme, durchaus auch angenehm anzusehende. Bis auf eine strittige Szene einer Selbstmörderin auf einer Brücke, wirkt der Film trotz des Anspruchs auf seinen Dokumentarfilmcharakter, stark ästhetisiert. Untermalt mit harmonisch-klassischer Musik erscheinen alle Bereiche des Berliner Großstadtlebens, private wie auch öffentliche, als einheitliches Ganzes und weisen die Großstadt als einen *Organismus* aus. Vergleichbar in diesem Rahmen ist Gerhard Lamprechts „Emil und die Detektive", in dem die Großstadt –erneut Berlin- als ein Ort für jedermann, sowohl Kind als auch Erwachsene, ist.

Naturgemäß enthält jeder Film, wie jede Kunst, per se eine gewisse Wertung, legt sein Hauptgewicht auf das Gezeigte und blendet andere oder konträre Bereiche aus. Die o.g. Filme erheben keinen Anspruch auf historische Wirklichkeit, denn es liegt Nahe zu behaupten, dass das Weimarer Berlin im Jahre 1927 („Berlin: Die Sinfonie der Großstadt") bzw. „1932" („Emil und die

Detektive"), ein Jahr vor Hitlers Machtergreifung, ein gänzlich anderes nur gewesen sein kann.

Grunes „Straße" hingegen orientiert sich stärker an der realen Welt (auf welchem filmhistorisch die Neue Sachlichkeit basiert). Pabsts „Die freudlose Gasse" liegt sowohl zeitlich (1925) als auch thematisch Grunes „Straße" näher und wird aufgrund seiner Tradition als ‚Straßenfilm' oft mit der „Straße", in Verbindung gebracht. „Die freudlose Gasse" behandelt die finanzielle und geistige Zerstörung der Mittelschicht durch die Inflation im Nachkriegswien und durchleuchtet das Leben einiger verarmter bürgerlicher Familien, die sich bemühen, ihre Selbstachtung und ihren Anstand unter den Bedingungen des Verhungerns zu bewahren. Ihr Elend wird der übermäßigen Verschwendungs- bzw. Vergnügungssucht jener gegenübergestellt, die vom Krieg profitiert haben.

Die wirtschaftliche und soziale Ungerechtigkeit wird im Film am eindringlichsten durch die lange Schlange vor dem Schlachter deutlich, wo sich die hungernden Menschen vergeblich versammeln. Der Schlachter bestimmt nach totaler Willkür darüber, wem er sein Fleisch anbietet. Da die Masse nicht über Geld verfügt, ist sie dem Schlachter vollkommen ausgeliefert. Die einzige Ausnahme bilden junge hübsche Frauen, die, wenn sie sich bereit erklären, mit dem Schlachter zu schlafen, ein Stück Fleisch als Gegenleistung erhalten.

Wenn Simmel schreibt, dass der „rein verstandesmäßige Mensch gegen alles eigentlich Individuelle gleichgültig ist"[17] und „das Geld nur nach dem fragt, was ihnen [der Geldwirtschaft und der Verstandesherrschaft] allen gemeinsam ist, nach dem Tauschwert, der alle Qualität und Eigenart auf die Frage nach dem bloßen Wieviel nivelliert.",[18] erscheint dies in Pabsts Film bitterste Lebenswirklichkeit geworden zu sein. Besonders auffällig ist in diesem Kontext, mit welcher Macht der Schlachter die Frauen mustert und abschätzt. Sie wirken in seinen Augen nicht wie Menschen und keineswegs als Individuen, sondern sind Mittel zum Zweck. Für den Gebrauchswert Fleisch müssen sie mangels an Geld als Tauschwert ihren Körper zur Verfügung stellen. Simmels Charakterisierung des Großstadtmenschen und der Lebensbedingungen in der

---

[17] Ebd. S. 118
[18] Ebd.

Großstadt wird in der Figur des Schlachters zu einem perversen Negativbeispiel vereinigt. Der „rechnende Geist" schätzt nun den Körper der jungen Frauen genauestens ab und je nach Art der Qualität der Leistung wird verstandesmäßig gerechnet und abgewägt, wonach der genaue Tauschwert in Fleisch ermittelt und verteilt und das Geschäft abgeschlossen wird. Der Film „Die freudlose Gasse" enthält weitere zynische Szenen, in denen der Tauschwertcharakter zum Ausdruck kommt. Aus Not ‚verkauft' der Vater der Protagonistin Greta seinen Beamtenstatus, wofür ihm, als Tauschwert, der Lohn für drei Jahre ausgezahlt wird.

Ein gewiefter Kartenspieler führt mit einem Generalsekretär einen großen Aktienbetrug durch, in dessen Folge Gretas Vater sein sämtliches Geld verliert. Zuvor verliert Greta ihre Arbeit, weil sie sich weigert, mit ihrem Vorgesetzten Sex zu haben. Der soziale Abstieg der relativ wohlhabenden Familie scheint nicht mehr aufzuhalten zu sein. Während der Vater ein leerstehendes Zimmer in seinem Haus an einen amerikanischen Besatzungssoldaten vermietet – die sechzig Dollar für die Miete jedoch gehen an Gläubiger des Vaters-, sucht Greta bei einer Kupplerin Hilfe, die Arrangements für „kleine Privatgesellschaften" organisiert – Greta ist jedoch zu stolz, um sich ernsthaft zu prostituieren. Zuhause herrscht Hunger. Gretas jüngere Schwester, ein Kind, bekommt zuhause nur Kohl zu essen und verlangt Fleisch. Obwohl der Soldat freigebig seine Fleischbüchsen anbietet, schlägt der Vater aus Stolz dieses Angebot ab. Als einige Fleischbüchsen in der Wohnung des Vaters gefunden werden, sieht sich der Vater erneut in seinem Stolz verletzt („Ein Rumfort stiehlt nicht!") und bittet den Soldaten auszuziehen. Trotz der Rache der Masse durch die Ermordung des Fleischers bleibt das soziale Elend der Familie bestehen. „Man kann hier keine Tür öffnen", heißt gegen Ende des Filmes, „ohne dass einem das nackte Elend entgegenstarrt".

Die Frau als Individuum sieht sich besonders gefährdet. Im Gegensatz zur „Straße" ist die Darstellung der Frau in Pabsts Film von diesem sexistischen Schema befreit, sie stehen im Mittelpunkt. Sexuelle Bezüge tragen bei ihm zur Verdeutlichung der Lebenswirklichkeit der Frau bei.

Eine noch größere Dämonisierung der Großstadt als schon in Pabsts Film findet sich in Veit Harlans nationalsozialistischem Propagandafilm „Die goldene Stadt". In ihm wird die Stadt mittels Vergleiche zum Land –das hier als (die zu favorisierende) „Heimat" zu verstehen ist-, vermittelt.

Der Film handelt von der Bauerntochter Anna und ihrer unstillbaren Sehnsucht nach Prag. Der Vater versucht, sie von den Gedanken wieder abzubringen. Als eines Tages der Ingenieur Leidwein aus Prag eintrifft, um im Dorf Kultivierungsarbeiten durchzuführen, wird dieser vom Vater vom Hof verwiesen. Die Abwesenheit des Vaters und seines Knechts Thomas, dem Anna versprochen ist, nutzt sie dann aber aus, um nach Prag zu reisen. Dort verliebt sie sich in ihren Vetter Toni, der nur auf den Hof des Bauern Jobst spekuliert. Anna bleibt in Prag und wird enterbt. Als Toni die inzwischen schwangere Anna verlässt, bleibt ihr nur noch die Rückkehr ins Dorf, wo sie jedoch vom Vater verstoßen wird und anschließend Selbstmord begeht.

Der Gegensatz Stadtmensch vs. Landmensch wird in Harlans Film zugunsten einer nationalsozialistischen Ideologie gekennzeichnet. Die Protagonistin verkörpert das Idealbild der arischen Schönheit bzw. Reinheit, die jedoch vom trügerischen Glanz der goldenen Stadt, d.h. dem Fremden, angezogen wird, das sie ihrem sozialen Umfeld entreißt und sie schutzlos der Stadt ausliefert.

LindaSchulte-Sasse[19] bemerkt hierzu, dass Annas „Sehnsucht" nach der Stadt ein (biologisches) Erbe ihrer inzwischen verstorbenen, tschechischen, Mutter ist. Ihr Scheitern in der Großstadt wird nicht explizit erwähnt, womit die Großstadt umso mehr als geheimnisvoll und düster erscheint.

Der Film ergreift Partei für das Heimatleben, das dem Individuum (?) Schutz verleiht. Deutschland wird wahrgenommen als eine organische Einheit im biologischen Sinne. Diese jedoch sieht sich bedroht vom „Anderen", der den „Körper" Deutschland durch Vergiftung zu verseuchen bedroht. Einzig die reine deutsche Kultur vermag sich dieser Bedrohung zu entziehen und ihr Schutz zu gewähren: „A spatially contained, homogeneous ,German' environment provides a context in which the individual can avoid contamination and in which

---

[19] Linda Schulte-Sasse, Vicious circulation: Money and Foreignness in Nazi Film, S. 253

community can come to fruition"[20] Die Kultur des „Anderen" hingegen, sei es die ,des' Juden oder des Ausländers, fördert, sobald sie ihren Körper penetriert hat, ihre Entstellung und schließlich ihre Zerstörung.

Harlan zeigt die Stadt Prag in ihrer vollen Pracht (u.a. mithilfe filmischer Effekte), die Lebenswirklichkeit ihrer Heldin Anna jedoch sieht jenseits der Oberfläche gänzlich anders aus. Die Beschreibung der Prager Großstadtmenschen beschränkt sich auf Annas Verwandtschaft. Ihre Charakterisierung ist durchweg negativ. Die heimatlichen Werte, und Tradition, Disziplin und Ordnung, die durch den Vater verkörpert werden bzw. Werte überhaupt gelten nicht für die Stadtmenschen. Erwähnenswert sei die Figur von Annas Verführer Toni, dessen Interesse auf Annas Vermögen beruht und sie in ihrer Not im Stich lässt, indem er sich einer anderen, wohlhabenden Frau zuwendet, während Anna von ihm schwanger ist. Auch die übrige städtische Verwandtschaft wird negativ und habgierig skizziert. Die tschechische Haushälterin des Vaters sieht nur ihren eigenen Profit, indem sie Annas Reise nach Prag erst ermöglicht. Die Negativdarstellung des Fremden wird zudem durch den slawischen Dialekt der tschechischen Charaktere verstärkt. Der Film polarisiert in jeder Form Gegensätze wie gut und böse, ehrlich und korrumpiert, Heimatliebe und Verdorbenheit.

6. Fazit

Ziel dieser Arbeit war es, das Leben in der modernen Großstadt an ausgewählten Phänomenen zu beschreiben und zu untersuchen, inwieweit diese Thematik in den Filmen seiner Zeit umgesetzt wurde. Dabei habe ich mich vor allem auf Filme mit sozialen Fragestellungen konzentriert, da meiner Meinung nach das Wesen der Stadt am besten durch ihre Bewohner erkenntlich wird.

Die Bewohner und die Stadt gehen eine Art Symbiose miteinander ein. Die Stadt ist den Menschen Heimat und Schutz, wohingegen die Bewohner der Stadt Leben und Seele verleihen und die Stadt somit nicht nur Architektur und Fassade bleibt, sondern einen eigenen Charakter und Charme erhält.

---

[20] Ebd. S. 253

Literatur

- Benjamin, Walter: „ Paris, die Hauptstadt des 19. Jahrhunderts". In. Ders.: *Illuminationen*. Frankfurt am Main: Suhrkamp, 1955
- Kracauer, Sigfried: „ Das Ornament der Masse" und „Der Kult der Zerstreuung". In: Ders: *Das Ornament der Masse. Essays*. Frankfurt am Main: Suhrkamp 1963
- Schulte, Sasse, Linda: „ Vicious Circulation: Money and Foreignness in Nazi Film". In: Dies.: *Entertaining the Third Reich. Illusions of Wholeness in Nazi Cinema*. Durham/ London: Duke University Press, 1996
- Simmel, Georg: „Die Großstädte und das Geistesleben." In: Kramme, Rüdiger (Hg.): *Aufsätze und Abhandlungen 1901-1908, Bd. I.* Frankfurt am Main: Suhrkamp, 1995